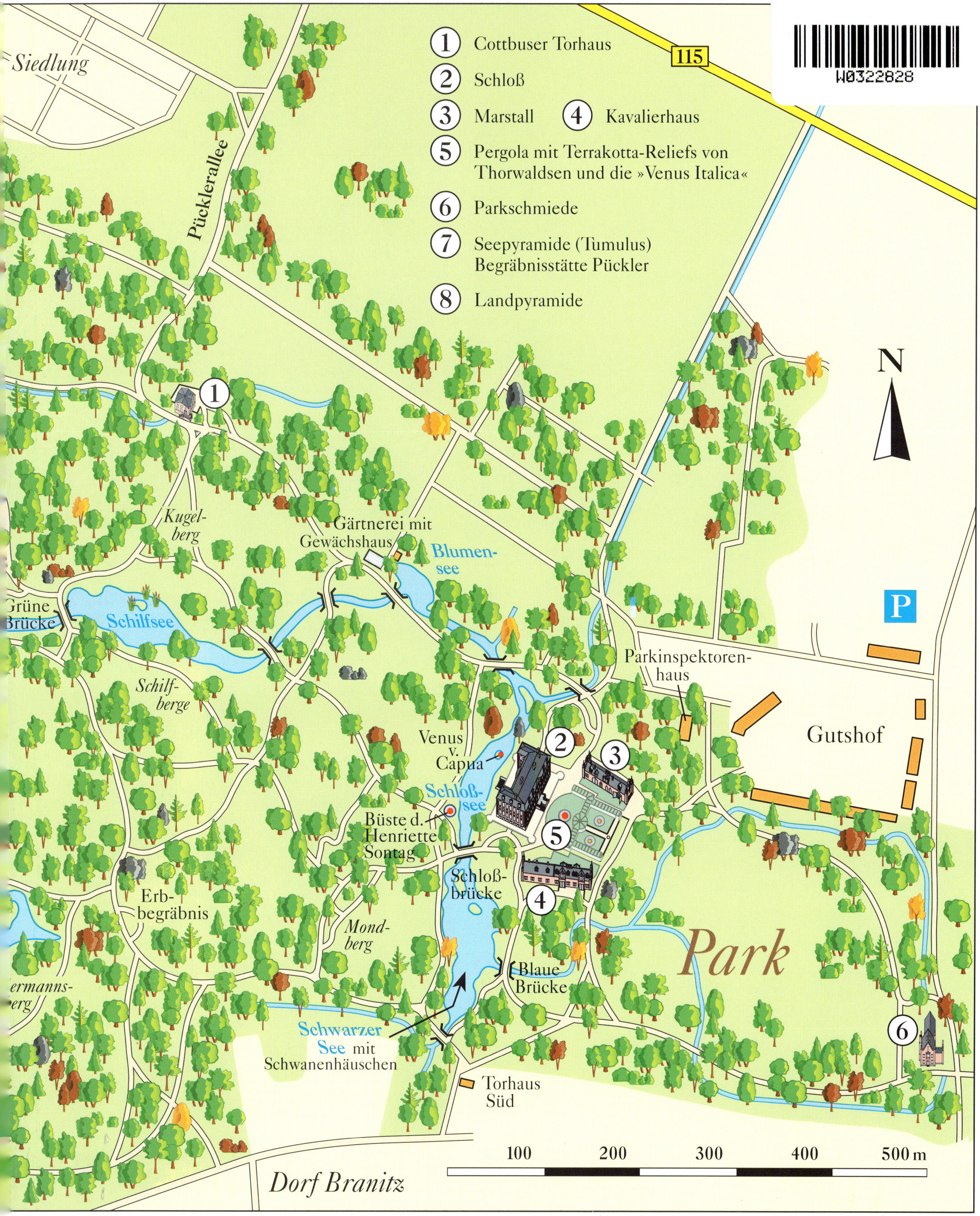

Karte: Norbert Böttcher, ɅV Point

Udo Lauer

Fürst Pücklers Traumpark

U D O   L A U E R

F Ü R S T PÜCKLERS TRAUMPARK

SCHLOSS BRANITZ

Textbeiträge von Kurt Geisler

ULLSTEIN

Die Deutsche Bibliothek – CIP-Einheitsaufnahme

Fürst Pücklers Traumpark : Schloss Branitz / Udo Lauer.
Textbeitr. von Kurt Geisler. – Berlin ; Frankfurt am Main :
Ullstein, 1996
ISBN 3-550-06915-4
NE: Lauer, Udo; Geisler, Kurt

Für Renate, Edda und Peter

Der Abdruck der Fotos von Carl Metzner (1849–1923) erfolgt mit
freundlicher Genehmigung des Archivs der Stiftung Fürst
Pückler Museum – Park und Schloß Branitz.

Wir danken der NIEDERLAUSITZ FLUG GmbH, Neuhausen,
für ihre Unterstützung bei den Luftaufnahmen.

Abbildung Seite 9: © Ullstein Bilderdienst

Umschlaggestaltung: Hansbernd Lindemann, Berlin
Titelbild und Foto: Udo Lauer
Karte: Norbert Böttcher, N Point, Berlin
Satz: Utesch Satztechnik, Hamburg
Repro: Haußmann Reprotechnik, Darmstadt
Druck und Bindung: Mohndruck, Gütersloh
Printed in Germany 1996

ISBN 3-550-06915-4

Gedruckt auf alterungsbeständigem Papier
mit chlorfrei gebleichtem Zellstoff

»Ebenso könnte man vielleicht die höhere Gartenkunst mit der Musik vergleichen, und wenigstens ebenso passend, als man die Architektur eine *gefrorene* Musik genannt hat, sie eine *vegetierende* Musik nennen. Sie hat auch ihre Symphonien, Adagios und Allegros, die das Gemüt durch unbestimmte und doch gewaltige Gefühle gleich tief ergreifen.«

(Fürst Hermann von Pückler Muskau)

Natur als Kunstwerk

»Es ist mir angenehm, Ihnen erneut meine Bewunderung über die hohe Kunst auszusprechen, mit welcher Sie unbedeutenden Lagen den Reiz schöner Gegenden, ja, öden, traurigen Feldern liebliche Wohnlichkeit zu verleihen verstehen!«

Preußen-König Friedrich Wilhelm IV. im Jahre 1854 an Hermann Fürst von Pückler-Muskau, geschrieben acht Jahre nach Beginn der Arbeiten für die neue Anlage Branitz bei Cottbus.

Eine Grünanlage? Ein Garten? Oder vielleicht ein Erholungspark? Wie soll man ihn beschreiben, den rund 100 Hektar großen Branitzer Park, der 1996 seinen 150. Geburtstag begeht, der als Natur- und Kulturdenkmal weit über Deutschland hinaus bekannt ist? Die Antwort ist ganz einfach: ein Traumpark!

Wann der Besucher auch kommt, am taufrischen Morgen oder vor dem abendlichen Abschied der Sonne, ob an einem blaßblauen Frühlingstag oder im Winter, wenn die kahlen Laubbäume wie Scherenschnitte in der Landschaft stehen – stets und immer ist dieser Park ein erlebter Traum, atmet Ruhe, läßt Hektik vergessen. Der Branitzer Park überrascht ständig mit immer neuen Ansichten und Aussichten, ist im Sinne Pücklers eine Bildergalerie. Die Gemälde sind bunt oder von schlichter Eindringlichkeit, zeigen geheimnisvolle und exotische, schrille und romantische Motive. Baumgruppen werden plötzlich abgelöst durch breite Schneisen und geben den Blick frei auf sanfte Hügel und ausladende Wiesen. Unter mächtigen Eichen und Buchen verlaufen Wege, romantisch wie Poetenpfade. Seen mit kleinen Inseln und welligen Ufern leuchten auf im Glanz der Mittagssonne, werden zu Spiegeln der Natur; Seen sind die Augen der Landschaft, so hat es Pückler einst formuliert.

Dies alles, die Hügel und Seen, die Wiesen und Mulden, sind von Menschenhand geschaffen, sind das Werk eines Besessenen, eines Gartenkünstlers von europäischem Format, eines der ersten echten Grünen, eines Mannes, der nach eigenen Worten »im Schweiße seines Angesichts« selbst Hand mit anlegte, der in Wasserstiefeln und derbem Rock manchmal neun Stunden am Tage in Branitz schuftete, dessen Devise es war:

»Kunst ist das Höchste und Edelste im Leben, denn es ist Schaffen zum Nutzen der Menschheit. Nach Kräften habe ich dies mein langes Leben hindurch im Reiche der Natur geübt.«

Jawohl, Hermann Fürst von Pückler-Muskau hat in Branitz die Natur zum Kunstwerk erhoben. Als 1846 die Arbeiten begannen, sah es vor den Toren von Cottbus so aus:

»Eine kahle Gegend, ohne Abwechselung von Berg und Thal, ja, fast ohne irgend eine Bodenerhöhung, bedeckt mit traurig öden Ackerflächen, die von Nadelholz und verkrüppelten Bäumen unterbrochen wurden; ein tiefer Sandboden, untermischt mit einzelnen sumpfigen Stellen, dies war das Feld, welches dem Fürsten sich darbot und ihm Gelegenheit geben sollte, eine Wüste in ein Paradies zu verwandeln.«

Und wie der Fürst loslegte! Allein zu beiden Seiten des Schlosses kamen 100 000 junge Bäume und Sträucher in die Lausitzer Wüste. Ferner ließ der adlige Gärtner etwa 400 Großbäume im Alter zwischen 20 und 60 Jahren anrollen. Sie kamen tatsächlich auf Rädern: Pückler hatte eine Baumrode- und -pflanzmaschine bauen lassen, ein primitives Gerät aus zwei großen Wagenrädern und einer langen Stange in Form eines Galgens, die mit der Radachse starr verbunden war. Dieses Gefährt hebelte Bäume einschließlich Ballen aus dem Boden, schleppte sie über Kilometer hinweg und setzte sie durch Hochziehen der Stange in den Branitzer Sandboden – die Natur war um Jahrzehnte überlistet.

Bei der Anlage von Park Branitz entwarf Pückler immer neue Bilder der Natur. In einem Artikel aus dem Jahre 1872 heißt es dazu:

»Wenn er hinausritt und Park machte, hatte er an der Reitgerte ein Lorgnon angebracht zu weiterer Umschau. Sobald er still hielt und das Glas vors Auge brachte, da eilten die Gärtner und Arbeiter herbei, unter den Armen Stäbe, wie man sie in den Weingärten zum Anschmiegen der Reben braucht, und harrten seiner Befehle.« Sie lauteten dann: dort ein Stab für eine Baumgruppe, hier ein Stab für einen einzelnen Baum, dort ein Hügel, hier ein Pfad.

Die Gärtner und Arbeiter haben seinerzeit kräftig in die Hände gespuckt. Bei Wind und Wetter ging es, nur mit Spaten und Schaufel als Werkzeug, an die Arbeit. Zu den Stammkräften gesellten sich zeitweise 120 Häftlinge aus dem Cottbuser Stadtgefängnis. Jahr für Jahr, bis 1888 und damit weit über Pücklers Tod hinaus, wuchsen Berge. Na ja, es waren bessere Hügel, die da in der kahlen Gegend Gestalt annahmen, Erhebungen, über die geübte Alpinisten nur milde und nachsichtig lächeln. Aber für das Lausitzer Flachland sind Schilfberg, Mondberg, Kugelberg und der Hermannsberg als Supergipfel mit 15 Metern erwähnenswerte Höhepunkte. Dann die ausgehobenen Seen, Gräben und Teiche, die zugleich den Sand lieferten für die Berge: Der Schwarze See, der Schilfsee, der Blumensee, der Schlangensee und der Pyramidensee wurden ganz im Sinne von Pückler zu »Augen der Landschaft«.

Allerdings, dem grünen Fürsten widerfuhr auch Widriges. Einer der Kleinbauern, die ihr Gelände für den neuen Traumpark verkaufen sollten, Reinschke war sein Name, erwies sich als Dickkopf. Fünf Angebote und immer höhere Preise lehnte er dankend ab. Pückler verlor eines Tages beim Blick aus dem Schloß auf Haus und Hof des Widersachers die Geduld und ließ rings um Reinschkes Hof einen Erdwall aufschütten – genau dort, wo noch heute ein Schild auf den »vergrabenen Bauern« hinweist. 1857, nach zehnjährigem Hin und Her, verkaufte Reinschke dann doch. An einen »Tuchfabrikanten«, der angeblich vorhatte, Pückler einen hohen Schornstein vor das Schloß zu setzen und ihn damit in Rage zu versetzen. Bauer Reinschke jubelte – zu früh. Denn der vorgebliche Tuchfabrikant war ein Strohmann des Fürsten.

Nun muß unbedingt etwas zu den auffälligen Bauten im Park gesagt werden. Da ist einmal die Landpyramide, die von 1860 bis 1863 errichtet wurde und ursprünglich als Begräbnisstätte für Pücklers Frau, von ihm zärtlich »Schnucke« genannt, gedacht war, für Lucie Fürstin von Pückler-Muskau. Doch sie starb sechs Jahre vor Beginn der Arbeiten. So blieb die Pyramide leer, auf deren Spitze Pückler an einem Geländer den Spruch anbringen ließ: »Gräber sind die Bergspitzen einer fernen neuen Welt.« Erst in diesem Jahr, 1996, haben Gartenarbeiter die Pyramide wieder zur ursprünglichen Höhe aufgeschüttet, die Treppe restauriert und Gras gesät, das auf Grund genauer Analysen genau dem Rasen von 1863 entspricht – es soll in Branitz so grünen wie zu Pücklers Zeiten.

Der zweite Bau: die Seepyramide, der Tumulus, von lateinisch tumulus, Hügel, gleich vorgeschichtliche Hügelgräber. Was Pückler da von 1856 bis 1857 in der unglaublich kurzen Zeit von zwölf Wochen wiederum durch viele Häftlinge aufschütten ließ, ist ein riesiges Grab, ist das ungewöhnlichste Werk des exzentrischen Mannes – eine aus dem Wasser aufsteigende viereckige Erdpyramide von knapp 40 Meter Kantenlänge und fast 20 Meter Höhe, einzig und allein dazu bestimmt, die Ruhestätte des Fürsten zu werden.

Originalton Pückler: »Um aber doch auch hier ein Unicum zu stiften, was im übrigen Europa kaum mehr zu finden sein möchte, bin ich auf die Idee gekommen, zu meinem Grabhügel einen antiken Tumulus zu errichten, eine viereckige Pyramide, aus Erde aufgeführt.«

»Man öffne mir den Weg zum Tumulus«, waren die letzten Worte des Fürsten, der in der Nacht vom 4. zum 5. Februar 1871 im Schloß Branitz starb. Gemäß seinem letzten Willen wurde der Körper nach Bericht des beteiligten Arztes Dr. Ludwig Wilhelm Liersch mit »kaustischen Alkalien chemisch zerstört«, das heißt, mit ätzenden Stoffen vollkommen aufgelöst. Der Mediziner: »Am 9. Februar 1871, an einem sehr kalten Tage bei 10 Grad Kälte, bei Sturm und Schneegestöber fand die Einsetzung der irdischen Überreste des Fürsten in die von ihm selbst zu diesem Zwecke errichtete und mit einem See umgebene Erdpyramide statt. Der verschlossene reich verzierte Sarg von Eichenholz wurde in den in den Tumulus gegrabenen Stollen gestellt und die Urne mit dem aufgelösten Herzen auf dem Hauptende des Sarges befestigt.«

1884, 13 Jahre nach Pücklers Tod, wurde der Sarg seiner schon am 8. Mai 1854 verstorbenen »Schnucke« vom Branitzer Dorffriedhof in den Tumulus umgebettet. Seitdem ruhen dort, für die Öffentlichkeit unerreichbar, die sterblichen Überreste zweier Menschen, die oft getrennte Wege gingen, aber stets in Liebe vereint blieben.

Bevor wir nun ins Schloß einladen und in den Pleasureground rund um das spätbarocke Herrenhaus aus dem Jahre 1772, möchten wir den Mann vorstellen, der Branitz geschaffen hat, dieses Kleinod der Gartenarchitektur.

Hermann Fürst von Pückler-Muskau, am 30. Oktober 1785 in Muskau geboren, ist in die Geschichte eingegangen als Gartenkünstler, Schriftsteller, Weltenbummler, Abenteurer, Exzentriker, unermüdlicher Liebhaber – er soll mehr Affären als Casanova gehabt haben, verwegener Reiter, Enfant terrible der Gesellschaft, Sänger, Spieler, Jux- und Schuldenbaron sowie schließlich als erfolgreicher »Kämpe« in acht Duellen mit Säbel und Pistole. Lebte er heute, wäre er das Entzücken der

Regenbogenpresse, die ihn sicherlich mit hohen Honoraren und Exklusivberichten (beispielsweise »Pückler, jede Nacht in einem anderen Bett« oder »Mein Grab wird das größte in Deutschland«) ködern würde. Der schillernde Adlige, Jurastudent, Offizier während der Befreiungskriege, bekannt mit Kaisern und Königen, 1822 zum Fürsten erhoben, sorgte in seinem Leben beinahe pausenlos für Schlagzeilen.

Er bestieg die Cheopspyramide und sah die Sphinx, kaufte 1837 auf einem ägyptischen Sklavenmarkt das etwa 13jährige Mädchen Machbuba (»sie trug nichts als einen Gürtel«), nahm die Vertraute und Geliebte mit in das schockierte Europa und nach Muskau, wo das wunderschöne Naturkind mit dem »makellosen Ebenmaß des Wuchses dieser Wilden« schon 1840 starb, unternahm eine Nilfahrt, für die der Gastgeber Mehemed Ali (türkischer Statthalter in Ägypten) zwei Barken zur Verfügung gestellt hatte; mit an Bord damals ein Hund, mehrere Pferde, eine Schildkröte, ein Ibispaar, ein Strauß, ein Äffchen und zwei kleine Krokodile »im blechernen Waschbecken«. Gekleidet wie ein Beduine, mit Säbel und Pistole, ritt Fürst Pückler durch die Wüste Algeriens. In Berlin verblüffte er auf der Prachtstraße Unter den Linden mit einer Kutsche, die von vier gezähmten Hirschen gezogen wurde.

Doch das Tollste, eine Geschichte wie aus einem Groschenroman, geschah 1826. Offiziell, aber tatsächlich nur zum Schein und nach gegenseitiger Absprache, ließ sich der »tolle Pückler« von seiner Frau Lucie scheiden, Tochter des preußischen Staatskanzlers Fürst Hardenberg. Angesichts enorm hoher Schulden – an der Standesherrschaft Schloß Muskau war zwischen 1815 und 1823 eine aufwendige Parkanlage entstanden – hatte das Ehepaar einen wahrhaft ungewöhnlichen Beschluß gefaßt. Er sah vor, Pückler geht für einige Zeit nach England und erobert dort eine reiche Lady, hinterher geht das Leben in Muskau in Wohlstand und Wonne weiter, und zwar zu dritt. Doch aus der Sache mit dem englischen »Goldfisch« wurde nichts, keine Dame biß an. Pech gehabt, Don Juan aus Muskau.

Hereinspaziert nun ins Schloß, das seit 1995 innen und außen aufpoliert wird und sich schon als Prachtbau mit dunklem Dach, roséfarbenem Anstrich und blauer Eingangstür zeigt, in Pücklerblau. In diesem Zusammenhang eine Bemerkung zu den bisherigen Investitionen von Bund und Stadt Cottbus für Schloß und Park. Seit 1991 wurden 16 Millionen Mark zur Verfügung gestellt, davon allein 7,3 Millionen Mark für die Restaurierung des Schlosses. Von 1996 bis 1998 sind weitere 10,8 Millionen Mark für Branitz vorgesehen, vor allem für die Parkschmiede, für den Bereich der Gärtnerei und für das Schloß.

Dieses Gebäude sah zum Gotterbarmen aus, als am 1. April 1846 der große Baumeister Gottfried Semper in Branitz eintraf, um den weiteren Verfall zu stoppen und Neues zu gestalten. Semper glaubte sich nach seinen Worten in den April geschickt. Im Dach des Gebäudes sah er große Löcher, vor dem Schloß erblickte er einen dampfenden Misthaufen. Er veränderte und verbesserte dann aber doch, und zwar mit Unterbrechungen bis 1852.

Entscheidende Neuerungen gab es damals auch vor und hinter dem Schloß. 1849 wurde mit dem Bau der Parkschmiede begonnen, zugleich Torwächterhaus und Haupteingang zu Park und Schloß. In jener Zeit ließ der Fürst ferner das Kavalierhaus (heute Restaurant) im Stil der Tudorgotik verändern. Dort wohnten die Bediensteten, unter ihnen der Liliputaner Billy Masser, der zunächst bei der Fürstin Lucie als eine Art Hofmarschall fungierte und später dem Fürsten diente. Ein weiteres Wirtschaftsgebäude wurde zum Marstall, ebenfalls im englischen Stil. Das langgestreckte Gebäude hatte Wohnungen für Kutscher und Stallburschen und nahm die Kutschen und Rassepferde auf. Heute zeigt sich der mit vier Millionen Mark restaurierte Marstall (jetzt Gebäude für Ausstellungen) nach sorgfältiger Restaurierung mit zwei Pferdeköpfen, einem Pferd als Windfahne, der Plastik Thalia (Muse der darstellenden Kunst) und dem fürstlichen Wappen mit der Devise »Amor et virtus« (Liebe und Tugend) von der allerbesten Seite.

Beide Gebäude, Kavalierhaus und Marstall, sind mit einer Pergola verbunden, die Gottfried Semper entworfen hat. Sie ist mit 16 Terrakotta-Reliefs des dänischen Bildhauers Bertel Thorwaldsen geschmückt, die voller Grazie und Schönheit sind und die man Stück für Stück mit Freude an schöner Kunst betrachten sollte. Einige Motive der Reliefs: die vier Jahreszeiten, die vier Elemente, Apfel- und Weinernte.

Ach ja, dann wollen am Schloß noch drei Damen bewundert werden. Höchst anmutig verharrt östlich des Gebäudes die Venus Italica, eine Kopie des Werkes von Antonio Canova. Auf der anderen, westlichen Seite des Schlosses blicken viele Spaziergänger verwundert und amüsiert auf eine »halbe Nackte mit blauem Unterleib«, so die Bemerkung einer Besucherin. Die naßforsche Bemerkung gilt der Nachbildung der Venus von Capua, einst entstanden in der antiken Stadt bei Neapel.

Dritte in der Damenriege ist eine »goldige« Frauenbüste, die dekorativ in einer Rosenlaube postiert wurde.

Dargestellt ist mit Stocklocken und aufgetürmten Haaren Henriette Sontag, eine der großen Lieben des Fürsten. Er hatte die gefeierte Sängerin, der die Berliner die Pferde ausspannten, um den Wagen mit der Künstlerin mit Menschenkraft nach Hause zu ziehen, 1828 in London kennengelernt. Dort passierte dem Mann, der an schnelle Erfolge in den Salons und Betten gewöhnt war, der von seiner Unwiderstehlichkeit überzeugt war, etwas für ihn Unfaßbares. Sein Heiratsantrag wurde brüsk abgewiesen. Die Künstlerin, »kalt wie Eis«, beschied: »Ich bin aus einem Traum erwacht.«

Trotz der niederschmetternden Niederlage … Pückler konnte die Sontag nicht vergessen. Zwanzig Jahre nach der Romanze ließ er in Branitz eine »Blaue Laube« anlegen, später Kiosk genannt. Sie ist seit 1861 der dekorative Rahmen für eine vergoldete Büste der angehimmelten Sängerin. Eine große Geste – sah der Fürst aus dem Schloß, wurde er an jene Frau erinnert, die ihm den größten Korb seines Lebens gegeben hatte.

Das Branitzer Schloß. Gestern wie heute in seinen Innenräumen eine bemerkenswerte Verbindung zwischen gediegenem preußischem Herrenhaus und einem orientalischen Gebilde wie aus 1001 Nacht. Elegant das Vestibül mit Kassettendecke aus Eiche, Ahnengalerie, Wappen, Wappenstühlen und einem Tisch, in dessen Platte verschiedene Marmorsorten eingearbeitet sind. Kronleuchter, Prachtspiegel, Büchertreppe, Lesestuhl und mehr als 2000 Bücher beherrschen die Bibliothek. Im Schlafzimmer ein ausladendes Himmelbett aus Eiche. Pauken, Trompeten, Geigen und Flöten zieren Wände und Türen des Musikzimmers. Der berühmte blattgoldverzierte Mahagoniflügel von 1842, auf dem Clara Schumann und Felix Mendelssohn Bartholdy brillierten, wird zur Zeit (Stand: Herbst 1996) restauriert und soll im Sommer 1997 zurückkehren.

Das Bild des Speisezimmers, einst Mittelpunkt des gesellschaftlichen Lebens, bestimmen zwei japanische Porzellanvasen, ein bronzener Leuchteraufsatz, eine Kopie des runden Originaltisches und eine Renaissance-Anrichte. Im Obergeschoß verwirklichte Pückler Erinnerungen an seine große Orientreise Ende der 30er Jahre des vorigen Jahrhunderts. Drei Räume wurden mit bemalten Tapeten geschmückt, auf denen Ornamente aus dem Nahen Osten in kräftigen Farben leuchten – gelegentlich glaubt der Besucher, auf orientalische Teppiche zu blicken. Zwischen den Tapeten kostbare Möbel, Porzellane und Bilder.

Am dichtesten belagert sind bei allen Führungen zwei Gipsabdrücke. Sie stammen von der rechten Hand und dem linken Fuß von Machbuba, jenem zarten Naturkind, das fern der Heimat in der Lausitz an Unterleibstuberkulose starb. Es muß eine ebenso aparte wie zierliche Schönheit gewesen sein – die Abdrücke von Hand und Fuß sowie ihre Totenmaske zeigen schmale, fast kindliche Maße.

Wie die Räume zu Pücklers Zeiten aussahen, ist durch eine schriftliche Darstellung überliefert:

»An den Wänden überall Vorhänge und kostbares, fremdländisches Geräth, Möbel aus überseeischen Hölzern, kunstvoll geschnitzt, vergoldet.« Ferner sah der Besucher »Löwenhaut, großen Sombrero mit niederhängenden Straußenfedern, türkische krumme Säbel, Revolver und Pistolen aus allen Reichen der Welt«. Der Gast von damals hat seinerzeit auch den Hausherrn beschrieben. Danach trug Pückler in Branitz meist einen schwarzseidenen Kaftan, rotseidene Pluderhose und gelbe Pantoffeln sowie einen türkischen Fez, den er weder draußen noch im Schloß ablegte.

Welcher Lebensstil für Gastgeber und Gäste in Branitz galt, geht aus einer Hausordnung des Fürsten hervor, die zugleich ein Dokument seiner Freizügigkeit und Toleranz ist. Wörtlich war festgelegt:

1. »Vollständige Freiheit für Wirt und Gäste.«

2. »Jeder Mann steht auf, wann es ihm beliebt, und frühstückt, was er will und befiehlt, bequem auf seiner Stube.«

3. »Um 1 Uhr luncheon im Frühstückszimmer, dem jeder Gast beiwohnt oder nicht, ganz nach seinem Belieben.«

4. »Wer ausfahren oder reiten will, bestellt es beim Hofmarschall Billy. Acht Pferde stehen dazu bereit.«

5. »Der einzige Zwang besteht darin, zum Diner um

9 Uhr zu kommen, wenn der Tamtam zum zweitenmal donnert. Nur Krankheit, die der liebe Gott verhüte, dispensiert von dieser Pflicht. Nach dem Kaffee ist jedes Menschenkind wieder frei.«

Als Hausarzt Dr. Liersch am Abend des 4. Februar 1871 ins Schloß gerufen wurde, gab es für Fürst Pückler keine Rettung mehr. Sein letzter Gruß galt, man möchte es nicht glauben, keiner seiner unzähligen Geliebten, Eroberungen, Brieffreundinnen und Seelenpartnerinnen, weder der berühmten Sontag noch der bildschönen Machbuba, sondern seinem – Lieblingspferd.

Ein Tag in Branitz. In der Abenddämmerung Abschied vom Traumpark, vom Schloß, vom Tumulus, von einer schillernden Gestalt der preußischen Geschichte. Man fährt ins nahe gelegene Cottbus und bestellt sich in einem modernen Café ein Fürst-Pückler-Eis. Das Rezept stammt nicht vom Fürsten, er gab nur seinen Namen. Er soll wieder einmal Geld gebraucht haben.

Der Fotoband ist so angelegt, daß der Bummel am ehemaligen Gutshaus und früheren Inspektorengebäude beginnt. Von dort geht es weiter zur Parkschmiede und dann in Richtung Schwarzer See mit dem Schwanenhäuschen. Nächste Stationen sind das Schloß, der Pleasureground, Marstall und Kavalierhaus.

Von der Westfront des Schlosses genießt der Spaziergänger einen herrlichen Blick in die Weite der Landschaft. Die Greife, die »Dame in Blau« und ein goldiger Frauenkopf im von Rosen umrankten Pavillon heben sich besonders hervor und sind Hinweise auf Stationen in Pücklers romantischem und aufregendem Leben.

Der größte Hügel, der Hermannsberg, bietet sich als idealer Aussichtspunkt an. Zu Füßen des »Bergsteigers« breiten sich Schlangensee und Landpyramide aus.

In der anderen Richtung liegt das Erbbegräbnis.

Auf dem Weg zum Pyramidensee gelangen wir trokkenen Fußes über die Schlangenseebrücke oder die Ägyptische Brücke zum Tumulus, vielleicht das ungewöhnlichste Bauwerk dieser Art in Europa. Nicht vergessen ein Halt an der Ägyptischen Treppe mit Blick auf den Gedenkstein für Fürst und Fürstin Pückler.

Der letzte Teil der Strecke geht über die Pyramidenbrücke in Richtung Osten, am Schilfsee vorbei (anhalten, Luft holen, den Anblick des Schlosses genießen) zum Torhaus.

Nehmen wir uns Zeit – der Traumpark will langsam, beinahe andächtig, erschlossen und erfühlt werden.

»Wenn Sie mich künftiges Jahr besuchen, vergessen Sie nicht, daß hier Tabula rasa war und was Sie finden werden, bis auf das Schloß und wenige hundert alte Bäume, die auf einen kleineren Raum von 2 Morgen beschränkt, der einzige vorhandene Kern der Anlage war.«

(Fürst Pückler an Hofgärtner Sello, 1848)

Der Spaziergang durch den Park beginnt am Gutshof im Osten der Anlage (bis Seite 16).

Unter der offenen Remise ist jenes eigens konstruierte Gefährt zu erkennen, mit dem in den Anfängen große Bäume ausgehoben und im Park neu verpflanzt wurden.

Das Inspektorenhaus in unmittelbarer Nähe des Gutshofs. Efeu und Wein bekränzten um die Jahrhundertwende dekorativ die Mauern.

Ein letzter Blick aufs Gutshaus – hinter dichtem Laub beinahe verborgen Akzente in Pückler-Blau auf dem Weg zur Parkschmiede: Radabweiser an einer wiederhergestellten Brücke

Abstecher zum Blumensee. Im Hintergrund die Orangerie (Gärtnerei) mit Gewächshaus

Die Parkschmiede, 1859 entstanden, diente zugleich als Haupteingang in den Park. Carl Metzner fotografierte sie um 1900.

»Luftschlösser im guten und bösen, nichts als Luftschlösser – einige stehen nur Minuten, andre Jahrzehnte, aber am Ende fallen sie doch alle ein und schienen nur Wirklichkcit! Niemand hat mehr Anlage zum Architekten solcher Schlösser als ich.«

(Fürst Pückler)

Stumme Zeugen handwerklicher Betriebsamkeit

Die Parkschmiede, sorgfältig restauriert, beherbergte vor Jahren ein Schmiedemuseum.
Heute befindet sich hier die Parkverwaltung (bis Seite 25).

Ein erster Blick aufs Schloß – von der Parkschmiede aus erhascht

In Pücklers Gartenarchitektur bleibt nichts dem Zufall überlassen. Struktur und Färbung der Bäume und Sträucher, die er anpflanzte, gestalteten Landschaft zum Gemälde.

»Sehr regelmäßig ist mein Tag von 24 Stunden in vier Theile getheilt, ein Viertheil ist den Anlagen, ein anderes dem Schreiben und Lesen, die zwei übrigen Schlaf und Essen gewidmet.«

(Fürst Pückler)

»Man sät das gewöhnliche Schilf am besten, indem man den Samen in Lehmkugeln geknetet ins Wasser wirft.«
(Fürst Pückler)

»Man muß es sich zuletzt gestehen, daß allen Bestrebungen, die Natur zu ergründen, sie dennoch immer etwas Unerreichbares in petto behält und über kurz oder lang den armen Menschen zuruft: Bis hierher und nicht weiter!«

(Fürst Pückler)

Das Schwanenhäuschen auf der kleinen Insel im Schwarzen See: Charme der Schweiz im Branitzer Flachland (bis Seite 36)

»Ein einsames Plätzchen auf wasserumfluteter und bebuschter Insel oder der ferne Anblick jener schwimmenden Laubgewölbe auf ihrem kristallenen Grunde zieht viele mehr an als alle Pracht, die das trockene Land darbieten kann. Auch diesen Genuß muß man sich also zu verschaffen suchen. Inseln im weiten See verteilt oder sinnig in dem breit strömenden Flusse angebracht, sind bedeutende Hilfsmittel und tragen schon durch ihre große Mannigfaltigkeit zur Verschönerung des Ganzen gar vieles bei.« (Fürst Pückler)

Hinter dem Schwarzen See: das Schloß

Unter der Schloßbrücke verbinden sich Schwarzer See und Schloßsee.

»Die Fußwege müssen im Sommer mit Besen gekehrt, bei nassem Wetter zuweilen gewalzt werden und sind dann, außer vielleicht beim Auftauen nach starken Wintern, immer im besten Stande, ja selbst nach dem heftigsten Gewitterschauer oder Landregen wieder ganz trocken. Nur bleibt es Hauptsache, überall für gehörigen Abfluß des Wassers zu sorgen.«

(Fürst Pückler)

»Eine Grund-Idee, sage ich, soll dem Ganzen unterliegen, kein verworrenes Arbeiten aufs Geratewohl stattfinden, sonder der leitende durchbildende Gedanke auch an jedem einzelnen zu erkennen sein, und füglich mag dieser aus den speziellen Verhältnissen des Künstlers, aus den besonderen Unständen seines Lebens oder der früheren Geschichte seiner Familie entspringen, wie durch die Lokalität, welche er vorfindet, bedingt werden.«

(Fürst Pückler)

»Der höchste Grad der landschaftlichen Gartenkunst ist nur da erreicht, wo sie wieder freie Natur, jedoch in ihrer edelsten Form, zu sein scheint.« (Fürst Pückler)

»Um sein Haus aber begnüge man sich mit einem reizenden Garten von geringem Umfange, womöglichst im *Kontrast* mit der Gegend, in dessen engem Raume dann nicht mehr landschaftliche Mannigfaltigkeit, sondern nur Bequemlichkeit, Anmut, Sicherheit und Eleganz bezweckt wird.«

(Fürst Pückler)

Vorderansicht des Schlosses. Ursprünglich ein Ende des 18. Jahrhunderts errichtetes Herrenhaus, wurde es in der zweiten Hälfte des neunzehnten zum Teil nach Vorschlägen Gottfried Sempers (1803–1879) umgestaltet (bis Seite 49).

Über den Pleasureground schrieb Fürst Pückler in den *Andeutungen über Landschaftsgärtnerei:* »… wenn der *Park* eine zusammengezogene idealisierte Natur ist, so ist der *Garten* eine ausgedehntere Wohnung.«

»Selbst in der gemalten Landschaft verlangen wir schon etwas, das an menschliches Treiben erinnert, um, wie wir sagen, sie zu *beleben.* Einer weit größeren Mannigfaltigkeit bedarf aber die wirkliche Landschaft als die gemalte, und doppelt anmutig wie zugleich dem menschlich fühlenden Herzen wohltätig erscheint es uns daher, wenn wir wie in England in der fast überall durch Kunst idealisierten Natur nicht nur die Paläste und Gärten der Großen in ihrer Pracht und Herrlichkeit bewundern dürfen, sondern im harmonischen Ganzen auch die bescheidenen Wohnungen geringer Pächter in ihrer Art ebenso reizend angelegt und vollendet ausgeführt finden.«

(Fürst Pückler)

»Daß der Bezirk jeder besondern Garten-Abteilung, worunter ich den Pleasureground hier immer mit verstehe, eine Vermachung haben müsse, die ihn vom Park trennt, ist schon der Sicherheit der kostbaren Anlagen wegen unerläßlich. Läßt die Lokalität eine höherliegende Terrasse oder ein fortlaufendes Aha zu, so würde in den meisten Fällen dies die beste Begrenzung eines Ziergartens, und regelmäßige Linien, die nicht verborgen sind, sondern *recht sichtlich die Unterscheidung andeuten*, dafür wohl am meisten zu empfehlen sein; denn ein *Garten* ist Gegenstand der Kunst allein und muß auch als solcher in die Erscheinung treten.«
(Fürst Pückler)

»Nachdem wir ein Frühstück eingenommen – nachmittags um 5 Uhr –, führte uns Herr Billy in den Parkanlagen zunächst des Schlosses umher und gab Erklärungen, wo es nötig schien. Die Schöpferkraft, der Geist, der Geschmack des Fürsten zeigten sich in allem, im Großen und Kleinen.«

(Varnhagen von Ense)

Die Restaurierungsarbeiten am Schloß und im Pleasureground sind abgeschlossen.
Die Plastik im Vordergrund: Faun mit Bacchuskind

»In hohem Grade wichtig ist es, daß Gebäude immer im Charakter der Landschaft erscheinen, mit der sie verwoben sind. Viele unserer deutschen Architekten beobachten dies zu wenig. Gebäude in der Stadt z. B. verlangen ganz verschiedene Behandlung als in einem Park. Die einen stehen als Ganzes für sich selbst da, die andern sind nur ein wesentlicher Bestandteil des Ganzen und müssen von ihm die malerische Wirkung erhalten, die sie ihm ihrerseits wieder teilweise zurückgeben; daher sie auch ebenso sehr auf die *Ansicht* als die Aussicht, die sie gewähren, berechnet werden müssen.« (Fürst Pückler)

»Unter einem Park wird zwar, im weitern Sinne genommen, jetzt gewöhnlich das ganze, dem aufzustellenden Natur-Gemälde und wohnlichem Besitztume gewidmete Grundstück verstanden, eigentlicher bezeichnet aber bildet er ein von dem sogenannten pleasure-ground und den Gärten, die er umschließt, sehr wesentlich abweichendes Ganzes.«

(Fürst Pückler)

Rückwärtige Ansicht, Parkfront des Schlosses. Im Vordergrund der Schloßsee (bis Seite 55)

Parkfront und Schloßsee heute. Die beiden jungen Bäume vor der Terrasse werden erst in einigen Jahrzehnten die imponierende Größe ihrer Vorgänger erreicht haben.

»Das wichtigste Gebäude im Park ist natürlich das Wohnhaus. Es sollte nicht nur der Umgebung, sondern auch dem Stande, dem Reichtum, ja sogar dem Beruf des Besitzers angemessen sein. Das weite Schloß mit seinen Zinnen und Türmen schickt sich vielleicht nur schlecht für den Kaufmann, steht aber dem vornehmen Aristokraten, dessen Familienglanz sich durch Jahrhunderte fortvererbte und dessen Vorfahren es wirklich bedurften, ihren Sitz in festen Schlössern aufzuschlagen, gar wohl an.« (Fürst Pückler)

»Also groß und klein bleibt immer relativ. Nicht wie er *ist*, sondern wie er uns *erscheint*, beurteilen wir jeden Gegenstand, und gerade hier ist dem Gartenkünstler ein weites Feld geöffnet.«

(Fürst Pückler)

Jahreszeiten nuancieren die Farbgebung des Landschaftsgemäldes. Blick über den Schilfsee im Innern des Parks auf die Rückseite des Schlosses

Zwei dieser von Schinkel entworfenen Greifen rahmen die Freitreppe an der Parkfront des Schlosses. Das geflügelte Fabeltier, ein altes vorderasiatisches Motiv, symbolisiert Macht und Hoheit.

Gäste, die einst von Fürst Pückler ins Schloß gebeten wurden, betraten zunächst das Vestibül, beherrscht von der Ahnengalerie, einem prachtvollen Tisch und einer Messingleuchte.

Bibliothek des Schlosses. Hier, zwischen Tausenden von Büchern, verbrachte der Hausherr viele Stunden in seinem Lesestuhl. Wenn er nicht schmökerte, wanderte sein Blick aus dem Fenster über den Schloßsee und verlor sich in der Weite des Parkes.

»Ich weiß, daß, wenn mir ein Zauberer monatlich eine halbe oder eine ganze Million zusichern könnte, ich Dinge ausführen lassen würde, welche in der Kunst bisher Unerhörtes darzustellen vermöchten, das nur mit dem Erdball zerstört werden könnte, nebenbei noch ganze Provinzen aus Einöden in paradiesische Gegenden verwandeln, und gewisse Theile der Wissenschaft vielleicht um Jahrtausende vorwärts bringen.«

(Fürst Pückler)

Ansichten der »Italienischen Mauer« (Pergola) im Pleasureground (bis Seite 71)

»*Gebäude also sollen mit ihrer Umgebung in sinniger Berührung stehen und immer einen bestimmten Zweck haben*. Daher muß man sich auch mit Tempeln, die im Altertum eine ganz andere, volkstümliche, religiöse Bedeutung hatten, und ebenso mit nichtssagenden Monumenten sehr in acht nehmen, wenn sie nicht statt einem tieferregenden Eindruck den des Läppischen hinterlassen sollen.« (Fürst Pückler)

In anmutiger Pose die Venus Italica. Zwischen den Pfeilern der Pergola zeigt sich die Parkschmiede.

Terracotta-Reliefs nach Entwürfen Bertel Thorwaldsens.
Pückler: »Die abgedroschene, mißverstandene Weise, wie man heutzutage die Mythologie auffaßt, möchte es geraten machen, diese ganz wegzulassen und sich ebenfalls in der Regel der Inschriften zu enthalten, die an *gewissen* Orten *gewisse* Gefühle zu haben vorschreiben wollen.«

Vergoldete Adler, bronzierte Eisengußvasen: Die Schmuckelemente wurden sämtlich in der ersten Hälfte der neunziger Jahre restauriert.

Thalia, die Muse der darstellenden Künste, schmückt den Ostgiebel des ehemaligen Marstalls.

Blick auf das Kavalierhaus: Hier wohnten die Bediensteten des Fürsten. Das um die Mitte des vorigen Jahrhunderts nach tudor-gotischem Vorbild umgestaltete Gebäude beherbergt heute ein Restaurant.

»Liebe und Tugend«: das Familienwappen am Ostgiebel des Marstalls

Im ehemaligen Marstall, der für mehrere Millionen restauriert wurde, finden heutzutage Ausstellungen statt.

Das Kavalierhaus am östlichen Rand des Pleasureground. Blick auf den Ostgiebel …

… mit der Kopie einer Athene-Statue (ursprünglich aus Terracotta)

»Üppiger frischer Rasen ist der Landschaft, was der Goldgrund alten Heiligen-Bildern, auf dem sich die treuen, liebevollen Gesichter immer noch einmal so anmutig ausnehmen.«

(Fürst Pückler)

»Was würden Ihre stolzen Hirsche und Rehe für Augen machen, wenn ein Menschenkind mit völlig demokratischer Weltanschauung in Ihrem aristokratischen Park umherwandeln wollte?«

(Marlitt an Pückler)

Wieder an der Rückfront des Schlosses angelangt: erster Blick auf eine dem Bade entstiegene Schöne

Impressionen vom Schloßsee.
Im Winter sucht die Dame
mit dem blauen Tuch in
einem Bretterverschlag Schutz.

Von nahem: die Nachbildung der Venus von Capua auf ihrer Insel im Schloßsee

»Im Park benutze ich in der Regel nur inländische oder völlig akklimatisierte Bäume und Sträucher und vermeide gänzlich alle ausländischen Zierpflanzen; denn auch die idealisierte Natur muß dennoch immer den Charakter des Landes und Klimas tragen, wo sich die Anlage befindet, damit sie wie von selbst so erwachsen erscheinen könne und nicht die Gewalt verrate, die ihr angetan ward.«

(Fürst Pückler)

»Wir sehnen uns so sehr nach der Freiheit der Bäume …«
(Fürst Pückler)

»… man verdunkle auf der anderen Seite auch nicht alles durch einige wenige ungeheure Schattenmassen und lasse ebensowenig Wiesen und Gewässer zu große freie und kahle Flächen darbieten, sondern richte es so ein, daß sie sich immer hie und da wieder im Dunkel der Vegetation verlieren oder als einzelne wohlberechnete Licht-Punkte aus dunklem Grunde plötzlich hervortreten.
Das halb Verdeckte ist ohnehin *jeder* Schönheit vorteilhaft, und *es bleibe in diesem Gebiete immer der Phantasie noch etwas zu erraten übrig.*«

(Fürst Pückler)

»Gewiß ist es, daß einzeln auf dem Rasen stehende, sinnig verteilte Baumgruppen, bald inselartig aus dem Rasengrün hervortretend, bald sich in weiteren Dimensionen über eine große Fläche sozusagen die Hand reichend oder von Abhängen herab ihre langen Schatten weit über das sonnige Tal werfend – einen weit anmutigeren und malerischeren Effekt machen als die sogenannten Clumps, die den Namen mit der Tat tragen, d. h. wie Klumpen schwerfällig und plump ins Auge fallen.«

(Fürst Pückler)

»Denn es ist nicht wohl möglich, einen Park stückweise mit Erfolg anzulegen, d. h. einen Teil ganz zu vollenden, ehe man mit dem anderen beginnt. Man muß im Gegenteil, sowohl im Kunstinteresse des Ganzen, als um Zeit und Geld zu ersparen, soviel als tunlich gleichzeitig fortschreiten …«

(Fürst Pückler)

Rosenlaube mit Büste der Henriette Sontag (bis Seite 93). Die gefeierte Opernsängerin blieb für Pückler, obwohl sie seinen Heiratsantrag zurückwies, vermutlich die große Liebe seines Lebens.

ICH BIN DIE AUFERSTEHUNG
UND DAS LEBEN. WER AN
MICH GLAUBT, DER WIRD
LEBEN, OB ER GLEICH STÜRBE
EV. JOH. 11. 25.
Pückler

»Gott ist groß. Er wird uns überraschen.« (Fürst Pückler)

Jüngst wiederhergestellt: das Erbbegräbnis für die Angehörigen der gräflichen Familie (1891 eingerichtet)

Die Landpyramide, 1863 fertiggestellt, ägyptisch anmutendes Kuriosum, gehört zu den Sehenswürdigkeiten, die man sich auf gar keinen Fall entgehen lassen sollte (bis Seite 103).

»Man verteile überall in dem Gemälde Licht und Schatten zweckmäßig, so wird dadurch die Gruppierung im Großen in der Hauptsache gelungen sein – denn Rasen, Wasser und Fluren, als selbst keine Schatten werfend, sondern solche nur von andern Gegenständen aufnehmend, sind das *Licht* des Landschaftsgärtners, Bäume, Wald und Häuser dagegen (auch Felsen, wo sie benutzt werden können) müssen ihm als Schatten dienen.«

(Fürst Pückler)

Metzners Standpunkt heute in Richtung Landpyramide

Gestaltete Natur mit einem Zipfel des Schlangensees

Zu Füßen der Landpyramide überspannt die Ägyptische Brücke, die von 1864 bis 1867 erbaut wurde, einen winzigen Wasserlauf. Er verbindet den Pyramidensee und den Schlangensee.

Blick vom 15 Meter hohen Hermannsberg über die Schlangenseebrücke auf die Landpyramide

»… wen entzückte nicht in einsamen Stunden die stille Ruhe des schlummernden Sees, in welchem rundherum die Riesen des Waldes sich wie träumend spiegeln oder der Anblick der schäumenden, vom Sturme gejagten Wellen, auf denen sich lustig die Seemöwe schaukelt?«

(Fürst Pückler)

Weitere Erinnerungen an den Orient: Seepyramide (Tumulus) auf dem Pyramidensee. Im Vordergrund die Ägyptische Treppe

»Um aber doch auch hier ein Unicum zu stiften, was im übrigen Europa kaum mehr zu finden sein möchte, bin ich auf die Idee gekommen, zu meinem Grabhügel einen antiken Tumulus zu errichten, eine viereckige Pyramide, aus Erde aufgeführt, von 120 Fuß Basis und 60 Fuß Höhe, allerdings ein kühnes Unternehmen, was aber nun glücklich vollendet ist, und da ein solcher Tumulus, deren in Sardes, der Hauptstadt des alten Krösus, mehrere Hunderte als Grabmäler der alten Könige und Prinzen noch unversehrt seit länger als 2000 Jahren stehen, eben so unvergänglich ist, als ein naturwüchsiger Berg, so wird dieses Grabmal wahrscheinlich alle Monumente jetziger Herrscher überdauern, wie die sieben Weltwunder alle verschwunden sind und die Tumuli von Sardes gleich den Pyramiden Ägyptens noch jugendlich ihre Häupter erheben.«

(Fürst Pückler)

Die ungewöhnliche Ruhestätte eines exzentrischen Mannes. Der Tumulus erhebt sich als Seepyramide aus dem Wasser des Pyramidensees. Das Bauwerk, berankt mit wildem Wein, ist zu allen Jahreszeiten ein faszinierender Punkt in Pücklers Traumpark. Dort sind er und seine Frau beigesetzt.
Bei Nacht wirkt das orientalische Ensemble womöglich noch entrückter als im Tageslicht.

Kleine Insel im Pyramidensee mit
Gedenkstein für das fürstliche Ehepaar

»Denn was nützt mir am Ende ein Park, der mir ewig nur dasselbe Bild von wenigen Punkten aus darbietet und wo mich nirgends sozusagen eine unsichtbare Hand auf die schönsten Stellen hinführt, mich das Ganze kennen und verstehen lehrt, ohne mir die Möglichkeit zu rauben, dies auch *behaglich und mit Bequemlichkeit* tun zu können. Dies aber ist der Zweck der Wege, und soll man sich auch vor unverständiger Überladung damit hüten, so sind doch zu wenig beinahe noch nachteiliger als zu viele.«

(Fürst Pückler)

Das klassizistische Torhaus im Norden des Traumparks markierte einst die Grenze zwischen äußerem und innerem Park.

»Blutbuchen kann man wohl als gänzlich einheimisch annehmen, indessen gebe ich doch bei uns Linden, Eichen, Ahorn, Buchen, Erlen, Rüstern, Kastanien, Eschen, Birken etc. den Vorzug.«

(Fürst Pückler)

Carl Metzners Sicht auf Eichenholzbrücke und Orangerie am Blumensee

»… denn es ist einmal meine Bestimmung, Oasen in Sandwüsten anzulegen, der ich nicht entrinnen kann.«

(Fürst Pückler)

Aus anderer Perspektive und heutiger Sicht: Eichenholzbrücke und verfallene Orangerie

Pyramidenbrücke, vom
Schilfberg aus gesehen

»Wohl dem daher, dessen Vorfahren ihm hohe Wälder und einzeln stehende uralte Eichen, Buchen und Linden, diese stolzen Riesen unseres Nordens, überlieferten, unangetastet von der mörderischen Axt. Nur zu wahr ist es: Furchtbar und schnell ist die Macht des Menschen im Zerstören, schwach und gebrechlich im Aufbauen!«

(Fürst Pückler)

Grüne Brücke

»… doch bemerke ich so viel, daß dieselbe Sorte Blumen, in Massen zusammengefaßt, in der Regel einen weit herrlicheren Effekt hervorbringt, als die Mischung vielartiger auf demselben Beete.«
(Fürst Pückler)

»Ist endlich alles fertig, so wird ein großer Teil (ja der größte) von dem wahren Verdienste des Schöpfers dennoch dem fremden Beschauer unbemerkbar bleiben, um so gewisser, je *besser* er gearbeitet hat. Dies ist aber gerade des Verständigen Bestreben und Triumph, daß man glaube: alles, was man sieht, müsse so und nicht anders sein ...«

(Fürst Pückler)

Nature as a Work of Art

A large garden, an immense park, a pleasure-ground where one can find complete relaxation – it is difficult to describe the 100 ha of Branitz Park, which is celebrating its 150th anniversary in 1996. It is also well-known abroad as a memorial combining nature and culture to its highest perfection: it is simply a dream park.

Whenever the visitor may come, it always remains a vivid dream, breathing tranquillity and letting one forget the hectic pace of the day. The park surprises one over and over again with new views, Pückler having created it as an 'art gallery'. The 'paintings' are colourful, yet unpretentious and very impressive. Paths wind under mighty oak and beech trees and lakes with small islands glittering in the sun reflect nature: "Lakes are the eyes of the landscape", as Pückler once said.

This was all formed by hand, in extraordinary dimension, the result of a possessed landscape gardener, a man toiling up to 9 hours a day, wearing boots and heavy clothing, true to the maxim: "Art has the absolute maximum value in life, because it is an act of creation for the benefit of mankind. I kept to this practice throughout my entire life in nature's empire."

Hermann Pückler has literally converted nature into art. Before the park began to grow in 1846, Cottbus looked like "a vast, desolate area, without any elevation or valleys, covered with dreary soil, interrupted only by crippled trees, conifers and a few swamps". This gave him the opportunity to transform a desert into a paradise.

Around the castle, he planted 100.000 young trees and bushes and had about 400 large trees, aged between 20 and 60 years, brought into the desert. Pückler himself constructed a special machine, enabling him to lever large trees out of the ground together with soil, transporting them to their destination and also replanting them.

He created several hills (*Schilfberg, Mondberg, Kugelberg* and *Hermannsberg*, the latter 15 m), the soil was obtained by excavating lakes, ponds and ditches (*Schwarzer See, Schilfsee, Blumensee, Schlangensee* and *Pyramidensee*).

Prominent features of the park are the land pyramid, erected from 1860–1863, originally intended as a mausoleum for Lucie Pückler-Muskau – however, she died 6 years before it was completed, thus the pyramid remained empty. On the balustrade, he had inscribed "Tombs are the summit of a distant new world." Only in 1996, the gardeners restored the pyramid to its original height, repaired the steps and sow grass, identical to that of 1863 – Branitz is supposed to look exactly as it did during Pückler's lifetime.

The second feature is the lake pyramid, a tumulus. Within an unbelievably short period of 12 weeks during 1856–57, Pückler had prisoners heap up an enormous tomb, the most unusual work even for an eccentric – a square earth pyramid rising from the lake, 40 m long and nearly 20m high, solely intended for Pückler to be laid to rest there. "Open up the way to the tumulus", are supposed to be his last words. He passed away during the night of 4th to 5th February 1871 in Branitz Castle. In compliance with his last wish, his body was completely dissolved by caustic agents, as confirmed by Dr. Ludwig Wilhelm Liersch, his doctor. The remains were buried on February 9th in 1871 during a bitterly cold day.

In 1884, 13 years after his death, Fürstin Mary Pückler's coffin (who died on 8th May 1854) was transferred from the Branitz village graveyard to the tumulus. Since then the mortal remains of two people rest there, inaccessible to the public, who often went their separate ways, yet always remained united in love.

Hermann Fürst Pückler-Muskau, born on 30th October 1785 in Muskau, goes down in history as a garden artist, a genius, writer, globetrotter, adventurer, an eccentric, indefatigable lover, daring horseman, the society's *enfant terrible*, singer, gambler, not to forget a successful duellist with pistols and sabre, an officer during the Wars of Liberation, a dazzling nobleman, having studied Law, being acquainted with Kings and Emperors, raised to the rank of a *Fürst* in 1822.

He climbed the Cheops pyramid, visited the Sphinx, purchased on a slave market in Egypt in 1837 a 13 year old girl named Machbuba ("she was wearing nothing but a belt"), took her as a confidante and mistress to Europe and Muskau, which was shocking for those times, but unfortunately the beautiful girl died already in 1840.

Fürst Pückler astonished Berlin, by riding down the famous boulevard *Unter den Linden* in a coach drawn by four tame deer.

Since 1995, the castle's interior and exterior have been completely restored and a magnificent castle with a dark roof, an exterior rosé finish and an entrance door in Pückler blue has emerged.

Important innovations were introduced during the second half of the 19th century: in 1849, the *Parkschmiede* was constructed as *Torhaus* (guard's gate house) and as main entrance to the castle and park. At that time Pückler altered the *Kavalierhaus* (a restaurant today) to Neo-Gothic style, to accommodate his employees. A further administrative building was turned into a *Marstall*, also in English style. In this long building the coach- and stablemen resided, and there were stables for Pückler's horse-breeding.

4 million DM were spent alone on carefully restoring the *Marstall* (now used for exhibitions). It is adorned with two horseheads, a horse as a weather vane, the sculpture of Thalia (Muse of the performing arts) and Pückler's coat of arms with the inscription "amor et virtus" (love and virtue).

The *Pergola* connecting *Kavalierhaus* and *Marstall* was designed by Gottfried Semper and the 16 outstanding terracotta reliefs, adorning it with grace and beauty, were created by the Danish sculptor, Bertel Thorwaldsen.

Then the visitor is welcomed by three beautiful ladies in the surroundings of the castle: on the east side, the charming *Venus Italica*, a replica of the famous sculpture by Antonio Canova. On the west side, a half-naked lady, with a blue drape, a replica of the *Venus of Capua.*

The third lady is a gold-plated bust, with upswept hair, crimped curls and depicts Henriette Sontag, one of Pückler's favourite *amours.* He met her in London in 1828, where she was a famous singer. There something happened to him, which was beyond his comprehension, as he was convinced that he was absolutely irresistible, always beeing succesful, in society as well as with ladies. His proposal was cold-bloodedly rejected.

Despite this refusal, Pückler was unable to forget her, and 20 years later he had the *"Blaue Laube"* built, later called "the blue pavilion", entwined with roses. Here the gold-plated bust of the beloved singer is most decoratively presented.

The Castle: today just as in the past, the interior seems to have the remarkable aura between a dignified Prussian mansion and an oriental scene out of 1001 nights. One is impressed by a very elegant vestibule with an oak covered ceiling, the ancestral gallery, coat of arms, heraldic chairs, and a table with precious marble intarsia. Over 2000 books, a wood-carved ladder and a reading chair, a gorgeous chandelier and a marvellous mirror dominate the library. In the bedroom, an oversized oak fourposter bed can be admired. Drums, trumpets, violins and flutes decorate the walls and doors of Pückler's music room. The famous mahogany grand piano, with its gold-leaf gilding, on which Clara Schumann and Felix Mendelssohn Bartholdy excelled, is at the present being restored and is expected to be returned during the summer of 1997.

The dining room, once the centre of social life, is dominated by two Japanese porcelain vases with brass candelabra, a replica of the original round table and a renaissance sideboard. On the first floor, Pückler realised his memories of his extensive journey throughout the orient. Three rooms were decorated with hand-painted wallpaper, on which oriental ornaments are depicted in luminous colours – sometimes the spectator believes he is admiring oriental carpets. Precious furniture, china and paintings adorn these three rooms.

This book is designed for you to begin your visit at the *Gutshaus* and former *Inspektorengebäude*, continuing from there to the *Parkschmiede* and on to *Schwarzer See* with the swan house. Then you pass the castle, pleasureground, *Marstall* and *Kavalierhaus*.

From the west front of the castle, the visitor can enjoy a wonderful view of the wide landscape. The griffins, "the lady in a blue drape" as well as the charming bust of a woman in the rose-entwined pavilion, emphasise the important events in Pückler's romantic and exciting life.

The largest elevation, *Hermannsberg*, is an ideal place for taking photos, granting an excellent view. At the foot of the hill is the *Schlangensee* and the land pyramid, in the opposite direction the cemetery is situated.

On your way to the *Pyramidensee*, you cross the *Schlangenseebrücke* or the *Ägyptische Brücke* leading to the *Tumulus*, possibly the most unusual monument of its kind in Europe. Please do not forget to stop at the *Ägyptische Treppe* (Egyptian steps), where you can enjoy a marvellous view of the memorial stone to Pückler and his wife.

Finally you can stroll across the *Pyramidenbrücke* eastwards, passing the *Schilfsee*, and admire the picturesque view of the castle, continuing to the *Torhaus*. You should take your time – since this dream park reveals itself very gradually and requires plenty of time to absorb its beauty.

(Translated by Ingeborg Hochradel)

Captions

page 13
The visit begins at the *Gutshof* in the eastern part of the park (pages 13–16)

page 15
Under the open coach-house a vehicle is shown, especially constructed for digging up, transporting and resetting large trees

page 17
Inspektorenhaus, close to the *Gutshof*
The inspector's residence at the turn of the century between old trees, the walls decoratively covered with ivy and vine

page 18
Another view of the *Gutshof*, almost hidden behind the colourful leaves of old trees

A wheel deflector in the famous Pückler blue at the reconstructed bridge, leading to the *Parkschmiede* (park smithy)

page 19
Blumensee with *Orangerie* (and greenhouse) in the background

page 20
Parkschmiede (taken by the well-known photographer Carl Metzner, approximately 1900), constructed in 1859, it was not only used as a smithy, but also as a main entrance to the park

page 22
Relics of the past used for horseshoeing activities

page 23
The authentically restored *Parkschmiede* – of special beauty are the richly ornamented chimneys. Several years ago, it housed the *Schmiedemuseum* (smithy museum), now it functions as the residence of the park administration (up to page 25)

page 26
View from the smithy to the castle. In Pückler's garden architecture nothing is accidental: the structure and the colourful leaves of the trees and bushes that he had planted, transform the landscape almost into a painting

page 27
Aerial view of the castle

page 28
Fascinating views, constantly changing according to the seasons

page 29–30
Whether a small brook, enchanted pond or lake, native animals find their natural dwelling here

page 31–33
In the middle of the last century the *»Grüne Prinz«* (Green Prince) placed a *Schwanenhaus* (swan house) on a small island in the *Schwarzer See*, resembling a Swiss chalet, bringing Swiss charm to the lowland of Branitz. The much visited and photographed swan house has been carefully restored (up to page 36)

page 34–35
Schwarzer See with the castle in the distance. Around 1900, the photographer Carl Metzner took many of his famous plate camera photos from this point

page 37
Branitz Castle and *Schwarzer See* in spring, surrounded by young trees

page 38
Under the *Schloßbrücke*, where *Schloßsee* and *Schwarzer See* meet

page 40
The park with colourful leaves in autumn

page 42
Castle with *Pergola*: nearly 100 years ago, Carl Metzner photographed the front of the impressive Branitz Castle. In the middle of the 19th century, certain parts were altered on the recommendation of Gottfried Semper (1803–1879)

page 44–45
The luxurious and decorative pleasure-ground with a wrought iron fence, ornamental flower beds, an adorned vase and the entwined *Pergola*

page 46–47
The same view in 1996. The restoration of the castle and pleasure-ground was just about to be completed. In the foreground a sculpture, depicting a faun with Bacchus child

page 52
Schloßsee and rear of the castle, surrounded by mighty trees, at the turn of the century

page 53–56
Park, garden and castle today. It will take at least 50 years, until the young trees in front of the terrace will have reached the impressive dimensions of their ›ancestors‹

page 57
A landscape painting: coloration changing with the seasons. View from the park facing *Schilfsee* and the rear of the castle

page 58
Two griffins (winged mythical creatures), designed by Schinkel, frame the steps leading to the castle's front garden. The griffins symbolise power and sovereignty, a reminder of Pückler's legendary journeys to the Middle East

page 59
Castle interior: guests, who were invited to Pückler's castle, entered the vestibule, being impressed by its ancestral gallery, a magnificent table, and a brass chandelier

page 60–61
The castle library: here, among thousands of books, the landlord spent many hours reading. If he was not reading, his eyes were wandering over the lake and enjoying the tranquillity of the park

page 62–65
A touch of Italy enhancing Brandenburg's landscape. Ornamental vases and gold-plated eagles decorate the *Pergola*, designed by the architect Gottfried Semper. It was a special honour and distinction for Pückler to be allowed to present the Prussian eagle with a crown

page 66
An ideal combination of art, architecture and nature. In the park a graceful *Venus Italica* resides, and the park smithy is to be seen between the *Pergola's* pillars

page 68
Terra-cotta reliefs, designed by Bertel Thorwaldsen, adorn the *Pergola*

page 69
Castle with blue entrance door

page 70–71
Gold-plated eagles, a cast bronze vase with adornments, all restored during the first half of the nineties

page 72
A horse on top of a small steeple of the former *Marstall* (stables) reflects the grandeur of Pückler's estate. Under the vane, the visitor can admire a lady in blue, symbolising Thalia, the Muse of the performing arts

page 73
The *Kavalierhaus*, formerly accommodating Pückler's employees. In the middle of the last century it was altered into Neo-Gothic style, housing a restaurant today

page 74
Pückler's coat of arms, in his favourite blue colour with golden inscript »amor et virtus« (love and virtue), decorates the eastern steeple of the former *Marstall*

page 75
The former *Marstall*, in which exhibitions take place in these days, was restored for several millions German marks

page 76
The *Kavalierhaus* with the steeple in the eastern part of the pleasure-ground

page 77
A replica of Athena, the goddess of wisdom and art, overlooking the estate, reflecting Pückler's philosophy

page 78
The *Marstall*

page 79
Behind the castle, on the steps leading to the lake, Pückler had two griffins erected in 1848, designed by Karl Friedrich Schinkel, moulded by August Kiß. In the background, a bathing beauty in blue drape

page 80
Winter impressions at the *Schloßsee*. The Lady finding shelter in a wooden crate

page 81
The two griffins

page 82–83
In spring: Lady in blue drape, a replica of the *Venus von Capua*, enhancing the lake

page 84–89
The Park reflecting the seasons

page 90–91
Bust of the famous singer Henriette Sontag. She remained Pückler's great love – even though she rejected his proposal

page 92–93
Rose-entwined pavilion

page 94–95
In 1891, a small cemetery was created for members of the Pückler family, having been restored lately

page 96–99
Between trees and lawns a real curiosity: the *Ägyptische Landpyramide* (Egyptian land pyramid), completed in 1863, which should not be missed

page 100
Metzner's view today, facing the land pyramid

page 101
Landscaped nature showing just a tip of the *Schlangensee*

page 102–103
From 1864–67 the *Ägyptische Brücke* was constructed at the base of the land pyramid, connecting *Pyramidensee* with *Schlangensee*

page 104
Pückler at his best: water, lawns and trees. The *Schlangenseebrücke* with the land pyramid in the background, view from *Hermannsberg*

page 107
Commemorating his trip to the Orient, the unusual memorial of an eccentric: The *Tumulus* rising as a *Seepyramide* (lake pyramid) from the *Pyramidensee*. Pückler built the *Ägyptische Treppe* (Egyptian steps), symbolically connecting the present with the life to come

page 108
The lake pyramid, entwined by wild vine, is at all times of the year a fascinating place in Pückler's dream park, where he and his wife found eternal peace

page 109
The moon rising over the lake pyramid. At night the oriental silhouette seems even further removed from reality than during the day

page 110
Small island in the *Pyramidensee* with memorial stone for *Fürst* and *Fürstin* Pückler

page 112
The classicistic *Torhaus* with iron gate in the north of the dream park. Once it separated the inner gardens from the surrounding park

page 114
A masterpiece of photography, since at that time such auxiliaries as exposure meters or automatic exposure control did not exist. Metzner captured the wooden oak bridge and the *Orangerie* at *Blumensee* for posterity

page 115
Today from a different angle: wooden oak bridge and the ruins of the *Orangerie*

page 116
Pyramidenbrücke, view from the *Schilfberg*

117–118
The Branitz park during summer time with the *Grüne Brücke*

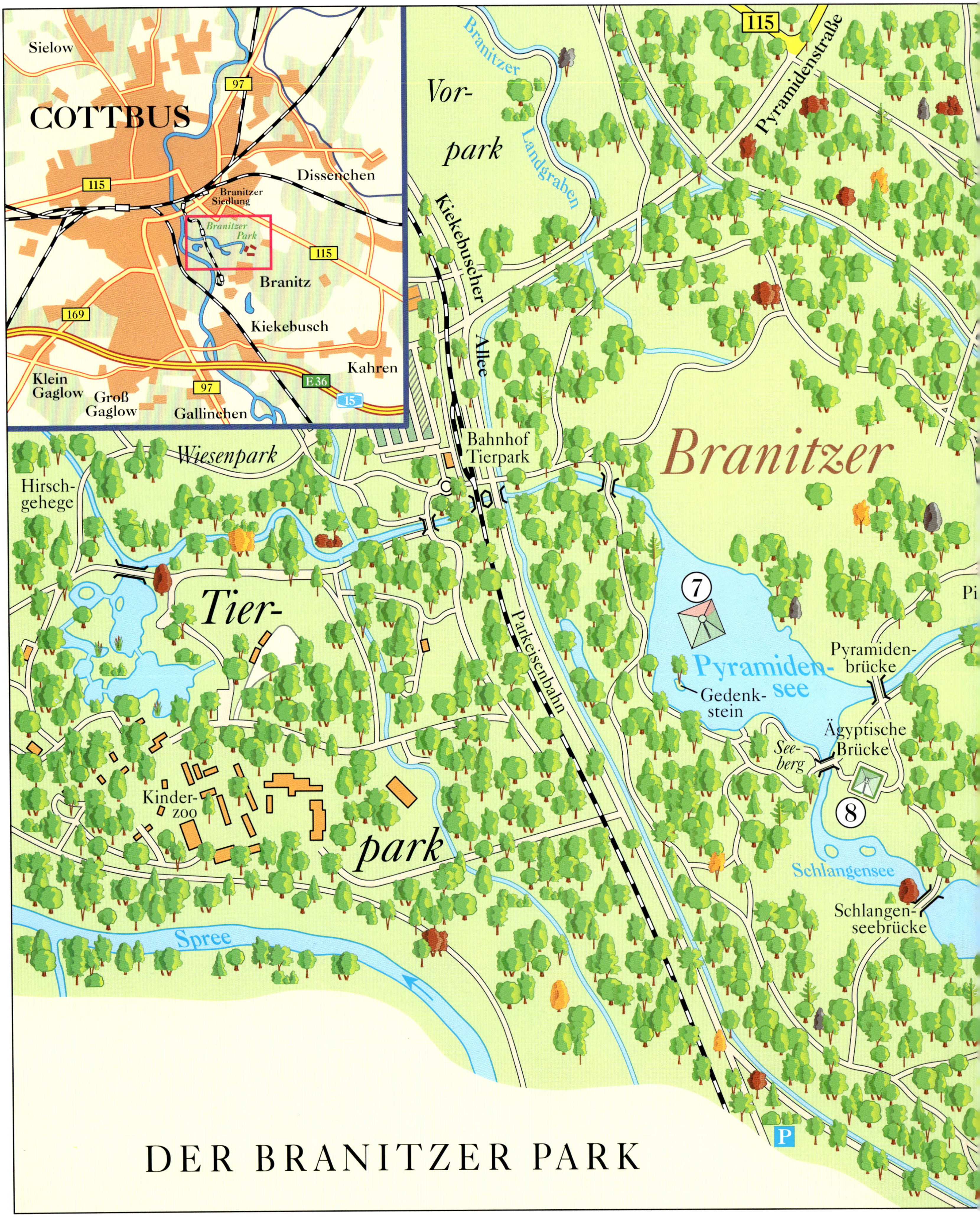

DER BRANITZER PARK